Autres livres par:
Carmen & Rosemary Martinez Jover

Disponible sur:
www.amazon.com & www.carmenmartinezjover.com

Je veux avoir
un enfant!

Recettes pour savoir
comment sont faits les bébés*

Un tout petit petit
Cadeau de Vie: girls*

Un tout petit petit
Cadeau de Vie: boys*

La chasse au trésor
pour un jumeau*

*** Disponible sur:**
English, Español, Français, Italiano,
Português, Svenska, Türkiye, Česky, Русский & Nederlands

Nous dédions ce livre
à tous ceux qui cherchent
les **trésors de leurs vies.**

Carmen & Rosemary Martínez Jover

ISBN: 978-607-00-0868-9

La Chasse au Trésor pour un Bébé Kangourou
1ère édition, 1,000 copies, Juin 2009

Histoire: Carmen Martínez Jover
Dessin et Illustrations: Rosemary Martínez
Mise en page: Victor Alfonso Nieto
Croquis: Rosemary Martínez, Judith Ferado
Traduction: Fanny Vinet fanny.vinet@yahoo.fr

Pour compléter votre famille via une mère porteuse ou le don d'ovule FIV
vous pouvez contacter rotundachr@gmail.com.
Consultez le site www.iwannagetpregnant.com où vous trouverez une
clinique respectueuse des LGBT.
Un remerciement spécial à www.endometriosis.org,
www.ami-ac.com & www.sisab.net

La Chasse au Trésor pour un Bébé Kangourou

De

Carmen Martínez Jover

Illustré par

Rosemary Martínez

Il était une fois
deux kangourous:
Jacques et Samuel.

Ils vivaient très heureux dans
leur belle petite maison.

Un jour pendant qu'ils mangeaient
une glace à la foire foraine et qu'ils
regardaient tous les petits kangourous
qui jouaient autour d'eux.

"Jacques, ne serait-ce pas merveilleux
d'avoir un bébé kangourou à nous?"
dit Samuel

Jacques sourit et répondit
"Oui. Allons rendre visite à
Sage Simon demain pour qu'il nous
donne un conseil."

“Bonjour, Sage Simon”
dirent Jacques et Samuel.

“Quelle bonne surprise!”
répondit Sage Simon,
“Que puis-je faire pour vous?”

“Nous avons besoin de ton conseil.
Tu vois… nous voulons avoir
un bébé kangourou à nous
et nous ne savons pas par où
commencer” dirent-ils.

"OK! J'ai exactement ce dont vous
avez besoin. Voyons voir…"
dit-il, pendant qu'il cherchait dans
son vieux coffre à trésor.

"Le rouleau de la Chasse au Trésor
pour un Bébé Kangourou!"

"Ce rouleau vous montrera la liste des
choses dont vous avez besoin pour
avoir votre bébé kangourou à vous.
Une fois que vous aurez découvert où
les obtenir toutes, revenez me voir et
je vous dirai ce que vous devez
faire ensuite."

La Chasse au Trésor pour un Bébé Kangourou

Trouver un spermatozoïde:
"Une graine qui vient d'un kangourou mâle"

Trouver un ovule:
"Une graine qui vient d'une femelle kangourou"

Trouver un utérus:
"C'est-à-dire la poche ventrale d'une femelle kangourou"

14

Jacques et Samuel lurent
attentivement le rouleau qui
contenait la Liste de La Chasse au
Trésor pour un Bébé Kangourou.

"OK, la première chose
sur la liste c'est
un spermatozoïde"
dit Jacques.

"ça c'est facile! Peut
importe de qui vient le
spermatozoïde, ce sera
notre bébé à tous le
deux de toute façon"
dit Samuel.

"Nous pouvons
utiliser ton sperme
ou utiliser le mien,"
dit Jack

"Je suis si content,
nous serons tous les
deux bientôt papa"
dit Sam

Jacques et Samuel, tout contents,
cochèrent la première des choses que
Sage Simon leur avait
demandé de trouver.

"Maintenant nous
devons trouver un ovule"
dit Jacques.

"Allons rendre visite à
Aimable Adèle!"
dit Samuel.

La Chasse au Trésor pour un Bébé Kangourou
Trouver un spermatozoïde:
"Une graine qui vient d'un kangourou mâle"
Trouver un ovule:
"Une graine qui vient d'une femelle kangourou"
Trouver un utérus:
"C'est-à-dire la poche ventrale d'une femelle kangourou "

"Bonjour, Aimable Adèle"
dirent Jacques et Samuel.

"Jacques et Samuel, quelle jolie
surprise!" répondit Aimable Adèle,
"Que puis-je faire pour vous?"

20

"Nous avons besoin de ton aide.
Tu vois, nous voulons avoir un bébé
kangourou à nous et nous nous
demandons si tu serais prête à nous
donner un de tes ovules " dirent-ils.

"Oh oui, bien sûr!"
dit Aimable Adèle avec un sourire,
"J'en ai beaucoup et je suis très
heureuse de vous en donner
un, ce qui veut dire que je
vous fait un don d'ovule
et que je vous aide à
avoir votre propre
bébé kangourou."

Très tôt le lendemain matin,
Jacques et Samuel rendirent visite à
Douce Dorothée pour lui demander
si elle pourrait prêter sa poche
ventrale pour quelques mois
pour que leur bébé kangourou
puisse y grandir.

"Oh, oui bien sûr!" dit Douce
Dorothée avec un sourire
"Je vous prêterai ma poche ventrale
avec plaisir pour quelques mois,
ce qui veut dire que je serai la mère
porteuse de votre bébé kangourou"

Jacques et Samuel étaient ravis d'avoir obtenu tout ce qui se trouvait sur la liste de La Chasse au Trésor pour un Bébé Kangourou et ils rendirent visite immédiatement à Sage Simon pour savoir ce qu'ils devaient faire ensuite.

Sage Simon les félicita d'avoir complété si rapidement la première partie de la chasse.

"Maintenant vous devez…"dit Sage Simon, pendant que Jacques et Samuel écoutaient avec attention, "Maintenant vous devez aller trouver Dr. Gentil Gotunda qui sait comment mettre ensemble tous les ingrédients de la liste de la Chasse au Trésor pour un Bébé Kangourou".

"Promettez-moi de venir me rendre visite quand votre bébé kangourou sera né " dit-il avec beaucoup d'enthousiasme.

A la clinique, Dr. Gentil Gotunda mit doucement
ensemble l'ovule de Aimable Adèle et le spermatozoïde
de Jacques dans une éprouvette et s'en occupa
patiemment jusqu'à ce qu'ils se fertilisent et
deviennent un, formant ainsi un embryon, ce qui est
le début d'un bébé

Quand l'embryon commença à grandir
le docteur Gentil Gotunda le plaça
à l'intérieur de la poche ventrale
de Douce Dorothée,
ainsi caché à l'intérieur
il continua...

à grandir...
et grandir...
et grandir.

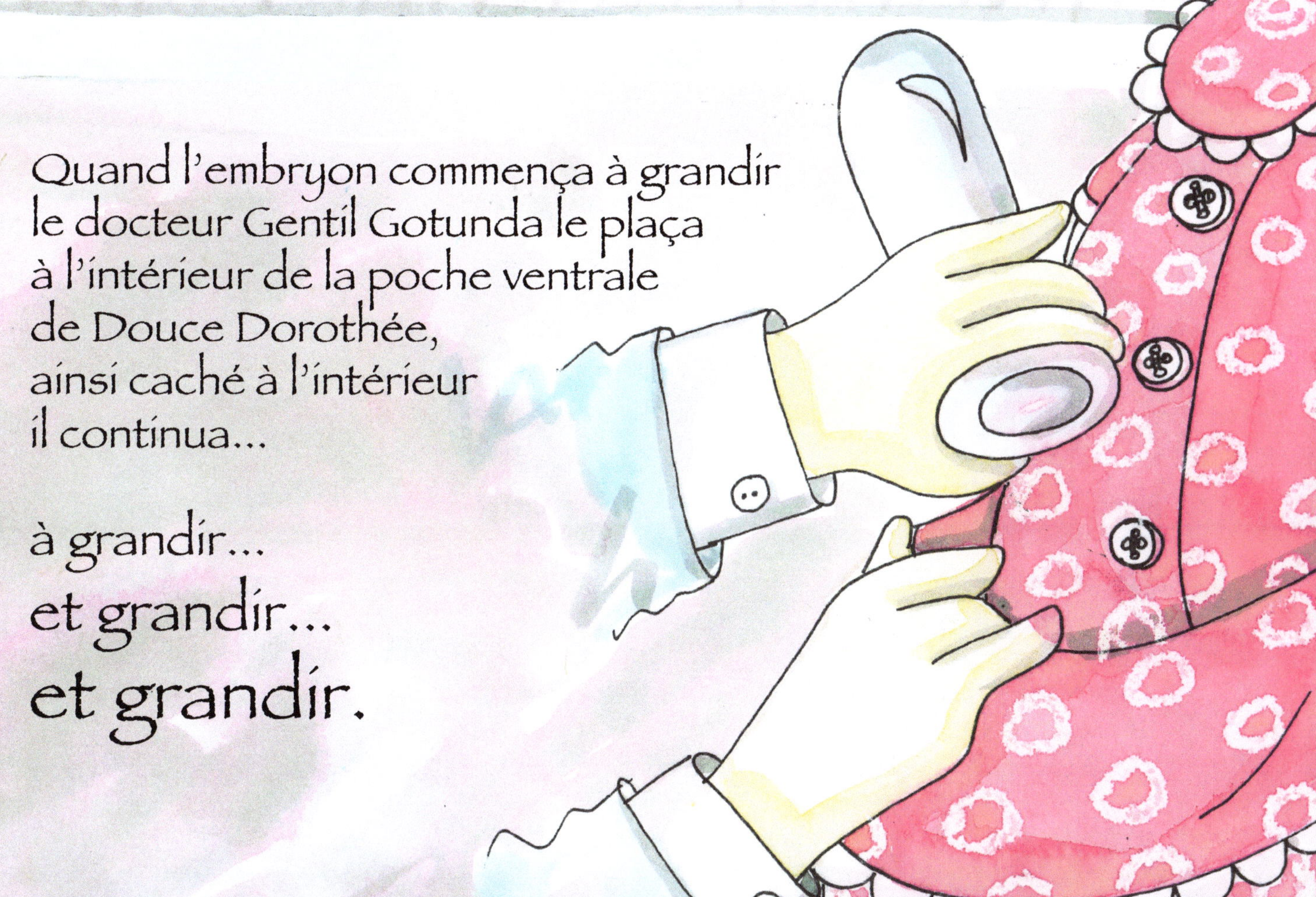

Quelques mois plus tard Douce Dorothée donna
naissance au bébé kangourou de Jacques et Samuel.

Enfin, Jacques et Samuel
rendirent visite à Sage Simon
formant une très heureuse famille
avec bébé Joey, leur trésor
intensément désiré.